CONSIDERATIONS

SUR LES ARTS

ET LES ARTISTES DU TEMPS:

OU

DES HOMMES DÉPLACÉS,

ET DE CEUX QUI SE DÉPLACENT,

RELATIVEMENT AUX ARTS.

SUJET de deux Lettres à un Artiste célèbre.

PAR M. DUPAIN-TRIEL.

A PARIS,

Chez L. CELLOT, Imprim.-Libraire des
GRANDS-AUGUSTINS.

────────────

1783.

AVEC PRIVILÉGE.

CONSIDÉRATIONS

SUR LES ARTS

ET LES ARTISTES DU TEMPS:

OU

DES HOMMES DÉPLACÉS,

ET DE CEUX QUI SE DÉPLACENT,

RELATIVEMENT AUX ARTS.

Sujet de deux lettres à un Artiste célebre *.

RREMIERE LETTRE.

Dans la liberté de nos entretiens particuliers, mon Ami, vous m'avez demandé plusieurs fois quelles pouvoient être les causes de l'affoiblissement actuel des talens, dont on se plaint si amérement, & peut-être à trop juste titre.

Quelques-uns de nos penseurs, prétendus

---

* M. Le Bas, mort au mois d'Avril, à qui j'en avois lu le manuscrit.

A

profonds, de ces contempteurs toujours mé-
contens de leur siècle, pour en faire conclure
que leur siecle n'est pas digne d'eux, ne cessent
de nous répéter que la Nature a brisé ses moules ;
ou qu'au moins, ayant besoin de repos, pour se
remettre de l'épuisement où l'a jettée la produc-
tion de tant de Grands Hommes du regne de
Louis XIV, Elle n'a fait de cet âge-ci qu'un âge
de remplissage, entre un beau siècle passé & un
beau siècle futur.

Ne nous livrons pas à une idée aussi vague,
aussi creuse qu'elle seroit désespérante. On ne
peut agiter sérieusement l'opinion d'une nature
impuissante ou capricieuse qui ne pourroit, qui
ne voudroit plus faire ce qu'elle a déjà fait. Ses
opérations éternellement fécondes & variées
feront toujours sortir de ses mains libérales des
hommes doués des plus grands talens dans tous
les Genres, & nés pour faire époque. Ce n'est
pas sa faute si, modifiés, comme ils le font, par
le ton du siècle où ils vivent, par l'opinion de
leurs contemporains, les circonstances, les posi-
tions particulieres, ils ne font plus en quelque
forte que des hommes factices, qui ont laissé
effacer les traits de caractere auxquels elle les
avoit marqués.

Ainsi, renfermant dans les limites des Arts les

réflexions qui naiſſent à ce ſujet ; Vous me demandez d'où peut venir l'état de langueur, de
dépériſſement où ils ſe trouvent? Il vient, ſi je
ne me trompe, de ce qu'aujourd'hui plus que
jamais, IL Y A PEU D'HOMMES CLASSÉS DANS
L'ORDRE DU GOUT COMME LA NATURE LE
VOULOIT ; de ce qu'IL Y EN A PEU QUI NE
SORTENT DU CERCLE OU ELLE DEMANDOIT
QU'ILS SE TINSSENT RENFERMÉS.

Je me borne dans cette lettre à la premiere de
ces deux réfléxions. La ſeconde ſera développée
dans la lettre ſuivante.

Au reſte, mon ami, votre queſtion eſt bien
digne d'un homme auſſi paſſionné que vous l'êtes
pour la gloire des talens, dans le domaine deſquels vous faites depuis un demi - ſiecle de ſi
abondantes moiſſons: elle n'a pu être faite, cette
queſtion, que par un Artiſte a qui le goût n'aura
jamais rien à reprocher de ſa décadence.

⸻

N'EN doutons point, mon ami, ſi c'eſt parmi
les hommes mal placés qu'il faut chercher les
miniſtres ſans plan de gouvernement, les Capitaines qui ne ſont que ſoldats, les Magiſtrats
dont l'incapacité peut égarer la juſtice; c'eſt auſſi
parmi les talens forcément pris, involontaire-

ment exercés qu'il faut chercher les talens mé-
diocres. Interrogeons ceux mêmes qui, pliant
au joug du travail une nature rébelle, ont fait
quelques pas dans une carriere étrangere à leur
goût : ils nous diront, avec je ne sai quelle confcience de ce qu'ils auroient pu valoir : Ah ! que
maîtres de nous livrer à notre premier penchant,
nos élans nous euffent bien plus approchés du
terme !

Trois obftacles principaux s'oppofent com-
munément au développement du Talent naturel :
l'*Education*, les *Circonftances*, l'*Opinion*. Je dis
l'*Education* : & je me hâte d'expliquer ma penfée
pour en lever le fcandale apparent.

C'eft fans doute une Opération du Gouvernement, digne de notre admiration & de notre
reconnoiffance, que ce nombre de collèges ou
d'écoles publiques répandus dans le royaume :
lieux où l'efprit d'émulation, fécondant les pre-
mieres femences que la nature dépofe çà & là,
fait développer, fous l'œil du travail, ces germes
précieux, d'où fortiront un jour, dans les champs
du favoir, le chêne robufte & le cèdre fuperbe,
reftés peut-être foibles arbriffeaux dans un terrein où cet efprit émulateur n'eût pas répandu
fes falutaires influences.

Doctes inftituteurs ? dirois-je ici, nourriffez

donc de la manne d'une bonne latinité les pre-
mières conceptions de l'Enfant qui se destine,
ou à l'état Sacerdotal, ou à l'honneur de servir
d'organe aux Loix, ou à la gloire de parcourir
les sentiers des Muses savantes. Nous devons un
jour trouver en eux des hommes tout de lumiere,
qui appellés à réformer, ou à instruire, ou à
juger leurs semblables, doivent, comme autant
d'Intelligences, se montrer supérieurs aux autres
hommes dans l'ordre des êtres moraux.

Mais qu'est-ce qu'un Artiste ? C'est un être dont
toute l'existence semble être dans l'imagination ;
c'est le contemplateur actif de la nature animée :
son vrai catéchisme font ses sensations ; & plus
elles font vives, plus étant dirigées par le penchant dominant, elles animent ses productions.
Loin de ses libres élans les liens des combinaisons abstraites, les entraves d'une dialectique ré-
froidissante. Avec lui, ce n'est jamais que quand
le génie fatigué se repose, qu'il est permis à la
tranquille raison d'en redresser les écarts, d'en
prévenir les fougues prochaines.

Il y a plus : dans le nombre de ces êtres privilégiés que la nature marque du sceau du goût,
il en est à qui elle n'accorde qu'un don, qu'un
seul don, à la vérité plus marqué, plus entier,

mais unique. Elle femble lui dire : « Je t'appelle à
» ce genre de talent & de gloire ; c'eft moi-même
» qui t'ouvre la carriere, mais fuis-là directe-
» ment fans chercher ni à droite ni à gauche au-
» cun fentier détourné, tu t'y perdrois. Ne vas
» que devant toi ; tu parviendras au terme ; tu
» feras tel homme, je le veux ; mais auffi tu ne
» feras que cela ; & fi tu cherches à être autre
» chofe, je te l'annonce, tu ne feras plus rien,
» non rien ».

Si donc ce fujet a montré une paffion dominante & exclufive pour un art quelconque, que
cette paffion lui commande de fe livrer à elle
feule, & que toute autre application doive en
retarder le développement ; ne fera-ce pas hafar-
der la perte de ce penchant que de le foumettre
forcément aux études du collège ?

Voulez-vous qu'un exemple familier faffe de
cette affertion une vérité fenfible ? Remarquez
fur votre paffage ce jeune efpiègle le chapeau
écorné, mis de travers fur des cheveux ébou-
rifés, le vifage & l'habit couverts de fanguine,
& le carton déchiré fous le bras ; ne marchant
pas, mais fautillant ; tapant l'un & l'autre de fes
camarades, & s'arrêtant dix fois pour rire d'une
vieille coquette dont il contrefait les minauderies

grimacieres. Bon ! mon ami, lui direz - vous ,
montez - vous l'imagination d'après ce tableau ?
Hé ! Monsieur, vous répond il d'un ton lamen-
table, je dois dans huit jours aller au college ;
je n'y ferai rien, je le sens; mais mes parens
qui sont riches, prétendent que le deſſin n'ap-
prend pas à bien parler . . . . Et de suite , vous
ouvrant son carton : voyez, dit - il , si l'on ne
donneroit pas tout le latin du monde pour le
plaiſir de faire grouper ces petits Génies ?

N'importe : il entre au collège ; au lieu d'étudier, il y deſſine ou s'ennuie : le rudiment n'a pas
même encore une tache. Le pédant armé d'un
fouet le corrige ; l'enfant reprend ſa place , ſe
cache derriere ſon camarade : qu'y fait-il ? Il y
pleure ? . . Non : ſon crayon brûlant ſe prêtant à
ſa colere, il deſſine ſur ſon papier de thêmes la
figure hâvre & réfrognée du pédant qui vient
de le corriger.

C'eſt à propos de ces corrections aviliſſantes,
de ces ſoumiſſions abjectes (permettez-moi cette
digreſſion) , que je vois avec peine l'Enfant appellé au premier des arts, au Métier de la Guerre,
ſoumis à la férule des collèges, devant des camarades qui jouiſſent peut-être de ſa confuſion.
Quoi ! un militaire dont il faut élever l'ame, à

qui convient la noble fierté qu'infpire le nom de défenfeur de la Patrie, qui faura donner fon fang pour des intérêts qui ne font pas les fiens propres, va, pour un thême mal fait, préluder aux triomphes qui l'attendent, en paroiffant les yeux baiffés & la rougeur fur le front devant un correcteur mercenaire !.. Ne peut-on éclairer l'efprit fans porter la flétriffure dans l'ame ? C'eft un collège d'honneur, ce font des claffes d'héroïfme qui conviennent, par-deffus toute autre, à cette brillante jeuneffe.

On a vu plus d'un gentilhomme, forti de penfion encore effrayé de la férule du précepteur, conferver la funefte habitude d'une obéiffance fervile, & avoir long-tems befoin de fe peindre fes braves Aïeux, les yeux fixés fur lui, pour pouvoir remonter les refforts détendus de fon ame.

Non que je prétende qu'il faille aveuglément acquiefcer aux divers goûts de la jeuneffe, quand ces goûts choquent ouvertement les biénféances d'état, la dignité des perfonnes, les vues de gloire & d'illuftration que doivent fe permettre d'anciennes familles. Une fauffe philofophie veut en vain jetter fur ces juftes convenances le voile odieux du Préjugé : la faine raifon y verra toujours un esprit d'ordre & de sagesse, un principe actif d'émulation pour ceux qui succèdent à des parens célebres ou constitués en dignité, qui ont mérité que la Patrie les distinguât.

Il naît un premier fils au brave Curtius : impatient de perpétuer sa mémoire dans un autre lui-même, en donnant un nouveau soldat à son Prince : « voilà mon successeur ! s'écrie-t-il plein de joie », sans songer s'il n'en aura pas d'autres, si celui-ci ne sera pas unique : « je l'appelle à mes » titres ; je le voue à la gloire, & ses jours au salut » de la Patrie. J'attends de lui qu'il me surpasse ; » son sort est trop beau pour qu'il ne s'en rende » pas digne ».

C'est avec les mêmes applaudissemens que la société voit un juge respectable, penché sur le berceau de l'aîné de ses fils, lui dire déjà, comme s'il en étoit entendu : « Enfant premier Né, eleve- » toi ! De grands destins t'attendent, les intérêts » de tes concitoyens à discuter. Eleve-toi ! j'ai » hâte de soutenir d'une colonne de plus le tem- » ple de la Justice ; je te remettrai sa balance ; je » te couvrirai les yeux de son bandeau : puisses- » tu réunir les plus profondes, les plus vastes lu- » mieres, à la droiture, à la pureté d'un cœur » qui en sanctifient l'usage » !

Ces vœux, va t'on me dire, auront-ils leur accompliffement? Je l'ignore. Je n'ai voulu qu'infinuer qu'il eft des peres autorifés à déterminer le fort de leurs enfans ; qu'il eft des enfans bien à plaindre de ne pouvoir élever leur ame à la hauteur de leurs deftinées.

Je dis plus actuellement : je dis qu'il eft des enfans au goût defquels l'autorité paternelle doit defpotiquement, tyranniquement réfifter.

Je cite un de ces cas, pris dans le goût devenu prefque général, de jouer la comédie: talent qui tient à la chaîne des Arts.

Témoin des applaudiffemens qu'a reçu fon ami fur des tréteaux bourgeois ; un jeune homme, par exemple, qui tient à une famille honnête, dont il eft l'amour & l'efpérance, s'enflâme, eft faifi d'enthoufiafme pour un talent qui le tire de la foule, & l'expofe comme fur un trône aux yeux de fes connoiffances reftées dans la pouffiere. L'attrait eft je l'avoue puiffant ; l'amour-propre donne avec fierté dans le piège. On s'arrache bientôt notre jeune & honnête Rofcius ; on veut le voir fur tous les théâtres particuliers. Il y paroît ; & pour comble de malheur, il y réuffit. Me voilà décidé, dit-il ; je n'aurai jamais d'autre état : je vais courir la province pour revenir. — Quoi ? Comédien. — Non, dirois-je à mon fils, tu ne le seras jamais, si tu ne veux sacrifier ton malheureux pere. J'ai vécu cinquante ans avec honneur ; j'ai prétendu te le transmettre avec le fruit de mes travaux ; & tu vas te faire montrer au doigt pour de l'argent, te faire huer peut-être ! — Hé ! si je deviens célebre ? — En tout état de question, que seras-tu ? Dans quelle classe de citoyens dirai-je que s'est rangé mon fils ? Où sont les actes civils qui recevront ton nom ? Quelles sont les sociétés qui t'admettront comme membre ? Quel exemple vas-tu donner à la jeunesse ? Quelles semences de troubles vont germer dans les familles ? Quelles mœurs enfin esperes-tu conserver ? -- Les mœurs sont de toutes les conditions, & les théâtres comme les tribunes retentissent de leurs éloges. — Je ne sais plus ce que c'est que les mœurs, si les comédiens en font les prédicateurs & les modeles. — Je n'ai du goût pour aucun autre état ; que voulez-vous que je sois ? — Rien : le métier que tu veux faire est encore au-dessous. — Je veux que ma conduite le rende estimable. — Si tu me résistes, je te déshérite. — Est - ce qu'un bon comédien manque de richesses ! — Je te donne ma malé ... — N'achevez pas mon pere ! je ne puis cesser d'être votre fils.

(12)

Je me flate au moins qu'il me tiendroit ce langage ; comme je me persuade qu'il n'est point de pere attaché à l'honneur qui ne parlât comme moi.

Gardons - nous cependant d'imputer jamais la perte qu'on eût pû faire de ce sujet aux études qui lui ont comme applani vers le théâtre une route qu'il eût trouvée bien plus roccailleuse, s'il s'y fût engagé sans savoir la langue du pays , je veux dire le François. De plus sages motifs sans doute avoient animé les parens qui l'ont fait instruire : il a perverti l'usage qu'il devoit faire de ses lumieres ; lui seul est coupable , & non la Science , qui comme la Vertu même reste intacte dans son sanctuaire au milieu des abus qui semblent demander qu'on en abolisse le culte.

Observation judicieuse , sur laquelle il convient d'autant plus de s'arrêter ici , que différens ordres distingués de citoyens seroient trop embarrassés de l'enfance de leurs fils , si la ressource des collèges leur manquoit. Car comment remplir sans cela le long intervalle qui sépare ces enfans de l'âge où ils feront choix d'un état ? Disons mieux : quel plan d'éducation seroit d'une absurdité plus révoltante que celui qui les priveroit des études mêmes sur la base desquelles est appuyé l'édifice des divers théâtres où ils doivent un jour se distinguer, & où ils ne peuvent paroître sans elles?

Mais cette nécessité justement reconnue des classes pour certain ordre de citoyens, je le demande à mon tour : Par quelle vanité ridicule tant de peres qui n'ont que de l'or à laisser à leurs enfans, & qui sont destinés à vivre & mourir dans une opulente obscurité, s'ingèrent-ils de les jetter aveuglement & sans choix dans le même moule d'éducation des études latines ?

J'offre à la société un Artisan fortuné, & pour un instant j'en prends le langage. » Oh ! je vous » réponds bien, dit ce pere (déjà énorgueilli du » projet qu'il forme,) que mon fils sera mieux » élevé que moi ! Je ne fus jamais bien lire, & » pour la tenue de mes registres j'ai un homme » stilé à cela. Vous sentez le désagrément que » j'éprouve de payer mon voisin pour qu'il » veuille bien savoir toutes mes affaires.... Je » t'appellois, ajoute-t-il à ce Cicéron précoce, » Guillot ou Cadet ? Je veux que doresnavant tu » porte le nom de la terre où tu as été nourri. Quit- » tez, Monsieur mon fils, ces vils instruments d'un » Art mécanique. Partez pour le college ? Voilà » des habits nouveaux, des livres de toutes les » sortes ,& reliés de façon à défier vos camara-

» des. Je ne prétend pas qu'ils vous effacent.
» Pour qui me donné-je tant de peine, si ce n'est
» pas pour mes enfans ?

L'année révolue, notre petit suffisant, qui a
bien griffoné du papier, bien déchiré des vê-
temens, revient voir son pere. A-t-il appris quelque chose ? Attendez ! c'est si peu de tems que
trois cents soixante & cinq jours ! La seconde
année on vous recommande la patience : La
troisième les doutes commencent à naître : La
quatrième on sait à quoi s'en tenir : La cin-
quième on affirme qu'il ne fera jamais rien : La
sixième est enfin passée à pleurer les cinq années précédentes perdues.

Hé ! qu'apporte-t-il donc dans la maison paternelle à quinze ans qu'il a ? Une oisiveté dé-
daigneuse, ou un pédantisme gravement gauche,
ou une timidité niaise qui lui donne toutes les
allures de l'imbécillité. Parlons-en mieux : ce sera
bientôt un de ces petits Messieurs, traitant assez
lestement la société pour y paroître toujours en
déshabillé : manquant aux vieillards dans le particulier, & au public dans tous les spectacles où
leurs têtes impoliment couvertes n'ont que le
jeu incommode des plus inconstantes girouettes.

Je suis loin de supposer tous les jeunes étudians

de cet ordre fans aucune intelligence ; mais je dis, que la leur marchoit dans l'ombre en allant à ce terme. On a furpris l'un d'eux, apportant au collège le goût de l'état de fon pere, parler commerce & affaires de comptabilité ; un autre, pofant en fortant de claffe fes livres dans le voifinage, aller au fallon du Louvre, parler peinture comme les Vanloo, les Vernet ; celuici, achetant, au lieu de plume & de papier, de la terre glaife, en paitrir de petits êtres qu'il fembloit que Promothée eût effayé d'animer de fon fouffle. Celui-là, s'écriant en lifant Virgile : les beaux vers à mettre en chant ! Combien d'autres n'ont aimé de toutes leurs claffes que celle où l'on a parlé Phyfique, ou Médecine, ou Géométrie, parce que ça été la feule que la nature ait indiquée à leur goût ?

Je le veux cependant : ce fujet a fait des progrès rapides & foutenus, a été empereur dans toutes fes claffes, en eft honorablement revenu muni d'une bibliotheque compofée de tous les prix qu'il a remportés. Félicitons ce fujet, diftinguons-le de la foule : il fera le plus grand honneur à fes parens : d'accord. Mais ces parens, les verra-t-il, comme lui faifant le même honneur ? Réflexion qui va flétrir votre ame, mon cher ami : combien de fois un pere a-t-il porté

ſon fils orgueilleux à un ſi haut degré d'élévation, que ce fils lui-même n'a plus apperçu ſon
pere, quoique toujours demeuré au point où ils
étoient autrefois tous deux ! C'eſt le Public,
ébloui par les feux follets de la gloire, qui va
répétant que rien n'eſt ſi flatteur que de s'être
fait ſoi-même, & de s'appartenir tout entier ;
car pour l'homme honoré de cette célébrité brillante, il eſt rare qu'il n'aimât bien mieux citer
des parens d'une certaine étoffe, que de dire :
Je n'appartiens à perſonne, ou je n'oſe dire à
qui j'appartiens.

Que ſera-ce ! s'il arrive que ce pere qui s'eſt
ſacrifié pour ſon éducation ſoit, par un coup
funeſte du ſort, réduit à une indigence déplo-
rable ! Il ne lui reſte plus pour ſubſiſter que le
travail de deux bras que ſon aiſance premiere a
déjà engourdis. . . . « Tu vois ma ſituation, mon
» fils ; je ne puis plus rien faire pour toi ; viens
» aider ton pere ; prend le rabot ou la lime : je
» voulois faire de toi un homme conſidérable ;
» je ne te demande que de m'aider à redevenir le
» peu que je fus ».

Qu'exiges-tu de ton fils, pere malheureux,
ou par vanité ou par foibleſſe ! tu vas lui parler de travail ! Ne ſais-tu pas que le train de vie
paiſible

paifible & monotone du collège l'a accoutumé à une nonchalance habituelle ? Que fon activité n'eft que du repos ? Qu'il n'eft occupé que comme un autre feroit oifif ? Un érudit, faire dorefnavant fociété avec le peuple non lettré ! Un être qui penfe s'abaiffer aux fonctions de l'homme machine ! Il a fait fa philofophie, & tu voudrois qu'il n'eût pas d'orgueil !

Cette premiere Inftitution une fois manquée ou mal appliquée, quelle reffource refte à la malheureufe victime ? S'il eft encore tems pour fon goût de recommencer fon éducation, fera-t-il tems encore pour lui, de s'offrir au Public fous les livrées d'un nouveau talent ? Le voilà comme le pilote que le caprice des vents a détourné de fa route, qui ne vogue plus qu'avec inquiétude fur une Mer femée d'écueils. Son refuge, le feul port qui lui refte, ce font les circonftances.

Hé ! qu'eft-ce que les Circonftances, quand il s'agit de placer le mérite & les talens ? Filles du Hafard, auffi aveugles, auffi aventurieres que lui, fi elles ne vous pardonnent jamais de ne vous être pas tenu préparé à les recevoir, vous promettent-elles au moins de fe laiffer faifir, quand vous vous épuifez de fatigue pour aller au devant d'Elles ? Dépendantes de combinaisons abstraites dont le fil est souvent mieux développé par la main des esprits rétrécis que par celle d'un Génie même, s'attendent-elles donc, ces Circonstances, que l'homme livré à l'enthousiasme, employera à méditer froidement leur rapprochement, un tems où sa verve échaufée l'emporte, comme l'aigle, loin de tout ce qui se passe sur la terre ?

Le monde est plein d'hommes que les Circonstances ont forcé d'être ce qu'ils n'eussent jamais été, si leur choix avoit été libre. Leur existence actuelle n'est plus proprement à eux : aussi que font-ils !

Le jeune Dorante donna dès l'enfance des preuves d'un cœur élevé & loyal, bravant les périls qui menaçoient son âge, s'il y avoit quelque honneur à les braver ; s'accomodant plutôt, parmi ses camarades, de l'idée d'être vaincu, que de la honte de n'avoir pas accepté le combat. Faisoit-on parler devant lui de vieux militaires ? Voyez, disois-je, comme en les écoutant son œil étincelle, son teint s'enflâme ! Il semble, à lui voir les yeux fixes & la bouche béante, qu'il n'a point assez d'oreilles pour entendre, & que tous ses sens doivent écouter. Il a baissé la tête au mot Bataille perdue ; dieux ! comme il la leve au mot de Bataille gagnée ! il faute , il bat des mains. ... Etoit-il aux promenades ? Il cherchoit de préférence quelque officier qui portât fur foi des certificats de fervice, des bleffures reçues à la guerre ; rien ne lui femblant plus digne d'être offert au Public qu'un bras en écharpe ou une jambe de bois. Son cœur lui difoit, fois militaire : les circonftances impérieufes en ont fait un cénobite. Quel cénobite il fut ! quel militaire c'eût été !

Un enfant orphelin annonçoit dès douze ans un goût marqué pour la Poéfie ; mais fes élans toujours rabattus fous les coups de l'indigence, font bientôt contraints dans les entraves du problême : Son unique reffource eft l'étude d'Euclide, fi c'eft étudier de la Géométrie que de faire jouer à la mémoire le rôle de l'intelligence. Il eût plutôt mis en vers l'énoncé du théorême qu'il ne l'eût prouvé : mon cerveau, difoit-il, d'après Montagne, eft dégarni d'outils à cet ufage. — Où donc eft ce prétendu efprit qu'on lui trouve ? répétoient fes parens ; il n'eft bon à rien. — Qu'on me rende mon Boileau & mon Racine, répliquoit-il, & on verra... ! Vœux inutiles ! On ne lui préfenta que les fections coniques & les Infinimens petits, dans l'étude def-

quels il ne se montra pas infiniment grand. C'est
que chaque talent a son esprit particulier : l'esprit de Philosophie, qu'on croiroit devoir les
embrasser tous, n'est lui-même qu'une espèce
d'esprit.

Celui d'ordre & de justice s'étoit déjà fait re-
marquer dans l'enfance d'Ergaste. Jusques dans
les petites coteries de son âge, il tenoit la balance
dans les différends qui survenoient.... Tu prétends
que cela t'appartient? Je prétends en être légitime propriétaire : rapportons-nous-en à Ergaste....
Le tien, le mien, trouvoient en lui un juge.
Avec ce sentiment d'équité & de discernement,
Ergaste a mis la main sur un livre de Loix : sa
raison y a vu développées les maximes dont son
ame n'avoit encore que l'instinct : les lumieres
de l'une commençoient à éclairer la conscience
de l'autre : un d'Aguesseau alloit paroître . . . .
« Voulez-vous enterrer tout vivant un jeune
» homme si précieux? dit-on à sa foible mere.
» Voyez comme l'étude le desseche ! il en péri-
» roit.... Un correctif, vîte un correctif ! De la
» gaité, de l'étourderie ; c'est un militaire qu'il
» nous faut »....Il part ce militaire de main de
femme ; il part, non avec crainte, mais sans
plaisir ; il combat par honneur, mais indifférent
pour le laurier qui l'attend ; il est tué : qu'en

difent fes camarades ? Que c'eût été un bon juge.

Voilà des plantes arrachées, par les Circonftan-ces, du terroir naturel, le feul convenable à leur végétation. En voulez-vous voir qu'elles laiffent fans culture dans le plus beau champ ?

Il y a vingt ans que je m'occupe de ma partie, & je n'ai pu encore arriver à rien, dit M. Pal-ladio ; je fuis à l'affût des occafions ; aucune ne fe préfente. —Venez, mon ami, je fuis à même de réparer les torts de la fortune ; je puis vous faire un fort. —Quand ? —Toute à l'heure. —A quelles conditions ?—Celles qu'il vous plaira.—Bon! mes pinceaux, mes compas font prêts ; par où faut-il commencer ?—Par quelque chofe qui ne doit rien vous coûter, par changer d'état ; je vous fais chef de mes bureaux. —Moi ?—Pour-quoi non! — Le puis-je en confcience ! — Vous balancez ? N'en parlons plus. Dieu veuille cepen-dant que vous retrouviez jamais pareille occa-fion !

Vous l'avez dit : il n'en retrouvera plus ; & bientôt fcandalifé qu'un homme preffé par les befoins ofe fe montrer difficile fur les moyens d'y fatisfaire, en vain fe préfente-t-il une Place conforme à fon goût, affortie à fon genre de lumieres, à laquelle même le nomme la voix pu-

blique ; fur la lifte des concurrens , on a apoftillé
fon premier refus : on n'a plus rien à accorder à
celui qui veut que la fortune le ferve les yeux
ouverts. Le mal-adroit ! il étoit bien ici queftion
de mériter ! il n'étoit queftion que d'obtenir.

Soyons juftes, me direz-vous : pour quelques
hommes , en faveur defquels les circonftances
ne fe rapprochent pas , combien en eft-il qu'elles
favorifent comme avec complaifance ?

Oui , je l'avoue , ce font ces circonftances
adroitement ménagées , malheureufement favo-
rables , qui tranfportent fi fouvent un intriguant
au bout de la carriere , fans qu'on la lui ait vu
parcourir ; qui nomment quelquefois le porteur
de fauffe équerre pour l'ordonnance d'un monument public qu'un Manfard n'eût entrepris qu'a-
vec l'inquiétude de la modeftie ; qui appellent
l'homme féchement méthodique où l'homme
plein de verve eût dû être placé ; qui abandon-
nent aux mains d'un littérateur , qui n'eft qu'a-
gréable & léger , le fil d'opérations que la faga-
cité des lumieres , la profondeur des vues pouvoient feules mener jufqu'au terme.

Hé ! pourquoi votre homme de mérite ne
follicite-t-il pas comme ces hommes favorifés ?

—— C'eſt peut-être trop d'ouvrage pour lui que de cultiver ſes talens & des protecteurs. —— Penſe-t-il qu'on doive aller le ſupplier de recevoir la faveur qu'on veut bien lui faire ? —— Oh non ! il ſait bien que prévenir le mérite n'eſt plus d'uſage. —— Que fait-il donc d'aſſez important chez lui pour être ſi avare de démarches ? Ce qu'il y fait ! il s'efforce de ſe ſurpaſſer lui-même, pour être vingt fois au-deſſus de la place qu'il deſire. ——Et ſi faute de demander, il n'obtient rien ?——Il a tout prêts des motifs de conſolation : celui de voir le concurrent préféré rougir de ſon triomphe ſur lui ; celui de l'accabler du poids de ſa gloire.

Mais fût-il en état de ſatisfaire à toute cette pénible corvée, arrivent encore pour lui couper les vivres l'eſſain des Artiſtes charlatans ; (quelle profeſſion n'a pas les ſiens !) ſurveillans cloués à toutes les barrieres de la fortune & des honneurs, pour épier ceux qui s'en approchent, à deſſein de les y devancer ; moiſſonneurs toujours prêts à porter la faulx dans le champ du voiſin ; hableurs adroits qui, ſoigneux de ne ſe laiſſer voir qu'à travers l'officieux verre à facettes, vous amenent à applaudir à leurs lumieres, au moment même qu'ils vous égarent..... Nommez un talent qu'ils ne poſſedent point, un confrere qu'ils ne puiſſent effacer ? De quels hommes, leur demandez - vous, me ſervirai - je dans cette af‐ faire ? —— De Nous. Dans cette autre ? —— Eh mais ! de Nous. Dans celle-ci qui n'eſt point du même genre ? —— De Nous encore.

Tel eſt arrivé de Rome à Paris avec la ſeule réputation de bon Machiniſte, qui retourne de Paris à Rome avec la double réputation de cé‐ lèbre Architecte. Tel dans l'Académie eſt entré comme Géometre, y a vécu comme Médecin, & y eſt mort comme Chimiſte : j'entends qu'il a ſu ſe faire donner les penſions de ces trois claſſes. On a connu un Peintre en émail qui, s'arrangeant avec les circonſtances, ſaiſit celle où il étoit de mode à Paris de s'enthouſiaſmer pour le talent, dès là qu'il venoit de bien loin, bien loin ! Il s'abſente de la capitale, ſe diſant appellé par des Souverains étrangers. Au bout de trois ans, il reparoît inconnu, déguiſé ſous le coſtume Arménien, avec une longue barbe qu'il avoit laiſſé croître exprès. Il annonce ſon talent, ſe donne une vogue merveilleuſe, perſuade aux dames que ſon émail ſeul peut rendre la déli‐ cateſſe, la douceur de leurs traits ; & gardant toujours l'*incognito*, recommence comme man‐ qués des portraits fort reſſemblans qu'il avoit fait très-chérement payer avant ſon départ.... Com‐

ment put-il ne pas reconnoître ſes propres ouvrages? .... Hé! comment vouliez-vous que l'Arménien ſe ſouvînt de ce qu'avoit fait le François!

Avec des gens ſi adroits, ſi intelligens, les affaires de fortune ne peuvent pas mal aller ſans
doute : mais celles des Arts comment vont-elles?
Je réponds à cette queſtion : ne vous repoſez
jamais de leurs progrès ſur ces hommes appellés
univerſels, entre les mains deſquels le talent eſt
comme un Prothée ſuſceptible de toutes les formes, & qui ſemblable à Janus aux quatre viſages
change d'objet ſelon que la circonſtance change
de face. Dans le champ des beaux Arts, jamais
le laurier ne s'enlaſſe avec le fragile roſeau, do-
cile au premier ſouffle qui le courbe. Le vrai
penchant, comme un chêne vigoureux, tient de
ſa nature une roideur que tous les vents des
contradictions ne peuvent rendre flèxible.

Cette infléxibilité eſt telle, que même parmi
les Hommes en place (ils m'en pardonneront la
remarque), qui ſous le prétexte de délaſſement
font des vers avec Rouſſeau, ou des tableaux
avec Boucher, ou de la muſique avec Gretry,
on en peut toujours compter pluſieurs dont l'un
de ces Arts a reçu les premiers vœux, les premiers hommages. La vanité peut entrer quelque-

fois dans ce choix d'amufement à l'âge où l'on effaie de tout, parce qu'on ne doute de rien ; mais fi vous voyez l'Amateur s'y diftinguer, s'en affecter, en conferver l'amour jufques dans fa vieilleffe ; affurez-vous que c'eft l'ouvrage du penchant qui réclame encore dès qu'il le peut, contre la violence qu'on lui a faite.

Beaux Arts, jouiffez ici de tout votre triomphe ! Tandis que l'homme de Cour, l'homme d'Etat même craindroit d'être furpris calculant comme un banquier à fa caiffe, comme un commerçant inquiet du retour du vaiffeau chargé de fa fortune ; il eft fier de montrer dans fon cabinet le compas de Vitruve, le pinceau d'Apelles groupant avec l'épée de Turenne; la plume de Pafcal & de Racine croifée avec celle des Sully, des Colbert. Lui-même n'eft content de fon travail qu'après avoir obtenu vos fuffrages, & mérité la faveur d'être affis auprès de vos enfans dans votre temple. On répète en vain que cet Amateur diftingué ne s'en fait qu'un amufement, tandis que vos Profeffeurs en font un ufage lucratif : cette différence de procédé n'eft point une diftinction pour la gloire. Un Art honnête peut-il être aviliffant pour avoir été récompenfé ?

Le croiroit-on cependant ! cette Célébrité,

cette confidération n'ont pu encore déterminer les familles opulentes à écouter l'enthoufiafme des enfans, pour l'un ou l'autre des Arts. L'Opinion, cette légiflatrice des efprits foibles, dont à peine la révolution d'un fiècle peut ébranler l'empire, l'Opinion fut autrefois que le Peintre étoit le fymbole vivant de l'indigence : on plaignoit le Muficien d'être obligé de chanter au milieu des tribulations de la vie : la Sculpture n'étoit encore qu'un métier d'entreprife : la Gravure n'avoit guère exercé fon burin que fur les épitaphes : que penfoit-on hélas de la fortune du Poëte !

Et fi l'on excepta l'Architecture de cet arrêt de profcription, c'eft qu'on fe perfuadoit que le piédeftal qui élève la ftatue d'Apollon eft affez fouvent le coffre-fort de la fortune.

On ne l'apprendra pas fans étonnement ! C'eft de vous, mon ami, que je fai qu'un homme de ce tems-là voyant fa fille recherchée par un Graveur en taille-douce, & ne voulant rien conclure fans favoir ce qu'un pareil époufeur pouvoit gagner par journée, envoya fa femme faire la navette auprès d'un marchand d'Eftampes fur les quais, pour voir ce que du foir au matin, dans un beau jour d'été, on avoit vendu d'images de son gendre futur ; & calcul fait, on dit à l'amant éconduit que son métier étoit trop peu chanceux, puisqu'il falloit rabattre du bénéfice des jours de vente, les jours de pluie où l'on ne pouvoit étaler.

Mais aujourd'hui que la partie des Arts est presqu'une séduction par l'éclat & les agrémens qui l'accompagnent, cette vieille Opinion d'indigence & d'obscurité subsiste-t-elle donc encore ? pour que de tant d'enfans qui pourroient, appuyés sur le bras de la fortune, marcher à plus grands pas dans la carrière des talens, il y en ait si peu à qui l'on permette d'écouter l'instinct de la Nature qui s'en étoit cependant si clairement expliquée ?

Je vois cette Opinion, fille de la cupidité ou de la vanité, abandonner les uns aux hasards du Commerce, livrer les autres à l'étude épineuse des Loix, clouer celui-ci à un bureau des finances, revêtir celui-là d'une charge pour n'en faire qu'un oisif Titré. Les Arts seuls n'obtiennent rien dans ce partage de destinations.... Je me trompe, ils obtiendront du moins dans tous les tems un tribut de regrets des sujets qu'on leur a impitoyablement arrachés.

Est-ce tout ? Non. Cet injuste éloignement pour

les Arts est quelquefois même inspiré à leurs fils par des pères dont les talens ont cependant été également célèbres & récompensés. Soit qu'ils aient à craindre que ces fils ne leur survivent pas assez dignement ; soit qu'ils n'aient travaillé que pour leur laisser à dévorer dans une vie oisive & perdue pour les talens la fortune qu'ils y ont faite ; il est aujourd'hui bien peu d'Artistes qui daignent conduire comme par la main leurs enfans vers la célébrité qui fut leur idole , & essayer sur leur front jeunes encore les lauriers dont ils se sont couronnés eux-mêmes.... A quoi, disent-ils, mènent les talens ? Quelle vie que celle qu'on ne se procure agréable qu'en labourant péniblement dans le champ du travail , si l'on ne meurt à la peine au milieu de ses beaux jours ! L'Artiste le plus célèbre n'est toujours pour le Public qu'un Artiste..... Hé ! que voulez-vous donc être de plus ? Quelle idée me donnez-vous, ou de votre Art, ou de Vous mêmes qui ne valez que par lui ? Lequel est donc plus honorable de finir tout entier enfermé, nom, argent, & personne, dans un cercueil qui durera plus que le Crésus inutile qu'il renferme ; ou de ne priver nos contemporains, en expirant, que des dépouilles mortelles de l'humanité ; leur laissant la plus noble partie de nous mêmes, nos ouvrages, des titres à la gloire, notre ame entiere ? Si vous entendez ce langage qu'avez-vous à m'oppofer ? Si vous ne l'entendez pas, je vous plains ! Vous n'avez amaffé que de l'or.

Dans quelle claffe d'enfans les Mufes peuvent-elles donc efpérer encore de fe donner des élèves ? Dans celle de ces jeunes individus, obfcurs, abandonnés, qui n'appartiennent à perfonne, que la faim preffe , jettés comme au hafard dans la fociété qui les rebute, ou qui ne foupçonne pas même qu'ils exiftent. « Pouffe-toi comme » tu pourras, pauvre enfant. . . .Oui développe » toi, enfant malheureux, luttes contre les dif-» ficultés, dévores les obftacles : fi tu es fans » appui pour t'indroduire dans la carrière, au » moins une fois engagé, tu n'auras pas d'en-» traves qui gènent ton effor ».

Que dis-je ? des enfans fans appui ! Ils béniffent tous les jours un Protecteur auffi généreux que puiffant dans le Magiftrat fous la vigilance éclairée duquel la plus grande Ville du monde jouit d'un repos fouvent refufé à une fimple Bourgade. Tandis que d'un bras qui tient fa vigueur de l'autorité des Loix, il foutient le foible, l'infortuné que le riche écraferoit fans y regarder ; de l'autre il élève un temple aux Arts *, en

-----

* L'École gratuite de Deffin.

ouvre la barrière à la jeuneſſe malheureuſe, qui n'a de reſſource que dans le développement de ſes facultés intellectuelles; facultés qui, ſans ſa protection vivifiante, fuſſent reſtées engourdies & dans l'ordre des tréſors cachés. Le Dieu du goût pourroit lui dire dans le ſens propre aux Arts :

Comment à tant d'Enfans as-tu donné la vie ! *

Mais ſi ces Arts ſont la reſſource des enfans auxquels manque toute autre reſſource; ſi l'Education publique doit comme une tendre mere embraſſer dans ſes vues tous les ſujets confiés à ſes ſoins; Si elle ne doit jamais, comme feroit une marâtre, les forcer dans les études à une nourriture meurtriere que leur conſtitution morale veut qu'ils rejettent; ſeroit-il indiſcret de deſirer; Ou que dans les Ecoles de Deſſin on enſeignât aux Eleves la langue françoiſe pour qu'ils puſſent s'exprimer correctement & parler de leur métier auſſi-bien qu'ils le ſentent; Ou que dans les Colleges déjà établis on formât des claſſes de Deſſin, en faveur de ceux qui y auroient plus d'aptitude que pour les études latines ?

Je forme un vœu plus étendu : Je déſirerois que dans ces Ecoles, tout exercice, toute étude, tous jeux fuſſent comme autant de pieges habi-

---

* Vers de Racine, fils, dans le Poëme de la Religion.

lement tendus par les maîtres à la Nature indé-
cife qui va cherchant à cet âge , entre les différentes manieres d'être, celle qui lui convient davantage.

Il eſt ſans doute certains individus privilégiés
qui naiſſent avec un caractere prononcé de talent
qu'on ne peut méconnoître : ce talent ne le
contrariez pas ; c'eſt tout ce qu'ils vous deman-
dent. Quant à leur place dans l'ordre des Arts,
c'eſt à eux-mêmes à la choiſir. Ils la connoiſſent ;
ils la voient ; ils y ſont déjà.

Mais certains autres ne ſe développent qu'avec
le tems. On croiroit que la nature marchande
avec eux. Elle ne ſe décidera peut-être que quand
l'être phyſique laiſſera échapper l'être moral
qu'il tenoit matériellement garotté. Ils attendent des encouragemens pour entrer dans la
carrière, des appuis pour fortifier leur marche
chancelante, des rivaux mêmes qui leur diſpu-
tent la palme pour la leur rendre plus digne
d'envie. C'eſt pour eux que les écoles, les prix
d'émulation ſont établis. Le moment viendra où,
le grand livre des Arts ouvert aux yeux de mon
Elève, je lui dirai : « cherches actuellement le
» chapitre qui te convient: je ne te l'indiquerai
» pas : j'attendrai que tu me le faſſes remar-
» quer.... »

» quer…. ». C'en est fait, il l'a trouvé, &
vient d'y appliquer le sceau de son goût.

Ainsi, les talens n'étant plus ni contrariés, ni
retardés dans leur développement, qu'auroit-on
encore à desirer pour voir revivre leurs beaux
jours ? Ce seroit que les Artistes ne songeassent
jamais à s'en distraire par d'autres goûts, je veux
dire qu'ils ne se déplaçassent jamais. Considéra-
tion dont je vais vous entretenir dans la Lettre
suivante.

SECONDE LETTRE.

Elevant pour un inſtant mon ſtyle à la hauteur de mon ſujet, je commence ma lettre, mon ami, en diſant :

Du ſein des différens ordres de la ſociété, s'eſt élevée une claſſe de citoyens qui, n'ayant au plus qu'un ſiècle d'illuſtration d'origine, n'a rien cependant à envier de l'éclat des plus anciennes : claſſe libre, indépendante, à qui trop de fortune peut nuire, qui peut ſe paſſer des dignités, qu'on ne peut comparer qu'à elle-même, qui fait jouer au luxe le rôle du beſoin, & vit des ſacrifices qu'elle lui fait offrir : claſſe qu'un eſprit d'émulation anime & vivifie, dont le mot eſt le goût, la deviſe eſt la célebrité, & dont l'ambition eſt de ſe procurer dans le tems des titres pour l'immortalité : la claſſe des Artiſtes.

Elle eſt nombreuſe, très-nombreuſe ! N'en ſoyons point étonnés. Tout mérite dont les matériaux ſont dans nos mains, qui nous conduit à la gloire ſans payer, ſur le paſſage, de tribut à la fortune, qui, du ſein de l'obſcurité, s'élève ſur la ſcène brillante du monde pour y jouer un

rôle honorable ; un mérite qui conftitue en quel-
qüe forte notre être, a des attraits trop réels
pour n'être pas fenti, n'être pas recherché.

D'une autre part ; l'immenfe, le riche Tableau
de la Nature, livre éternel & inépuifable des
Arts, ne demande dans fes Obfervateurs que
des yeux & une ame. L'homme a des fenfations
avant d'avoir des idées : il eft phyfique avant
d'être abftrait : il éprouve le charme du beau
avant de pouvoir le définir. La Nature comme
tableau, le Goût comme obfervateur : voilà l'Artifte en travail.

Demandez-vous quels fervices cette claffe
d'hommes rend à la fociété ? Tournez les yeux
vers le monde encore plongé dans le chaos in-
forme de tous les êtres : roches efcarpées, mers
menaçantes, plaines arides, folitudes profondes,
l'homme au milieu : voilà le premier Univers.
Beaux-Arts, déchirez le rideau derrière lequel
font vos immenfes atteliers ;...que voyons-nous ?
l'Univers tel qu'il eft : des villes, des cités bâ-
ties fur les montagnes abaiffées : dans ces antiques folitudes ? des Palais majeftueux, des jar-
dins enchanteurs, des places publiques où les
ftatues des Condé, des Corneille, des grands
hommes femblent les rappeler à la vie : fur les

ondes captives ? des bâtimens qui joignent les deux mondes , & qu'elles s'étonnent elles-mêmes de ne pouvoir engloutir : dans nos Temples , dans nos Louvres ? les antiques événemens remis sous nos yeux , comme les ont vus leurs contemporains : dans nos spectacles ? les illusions pittoresques d'une nature animée , les chefs-d'œuvres lyriques & dramatiques , source de délassemens honnêtes , écoles actives de goût & de sentiment. Les Arts ajoutent à nos premiers sens pour étendre nos jouissances : ils perfectionnent nos sens pour rendre nos jouissances plus délicieuses. Si leurs avantages nous frappent aujourd'hui moins vivement , c'est que nous sommes à leur égard dans l'état de santé. Il faut l'avoir perdue, pour en sentir tout le prix.

Mais ces Arts, ceux qui les professent remplissent-ils bien la tâche qu'ils leur imposent ? Chacun d'eux se retranche-t-il assez scrupuleusement dans la sienne ? Tandis que nos anciens bons Maîtres entroient modestement & comme saisis de crainte dans la route qu'ils s'étoit péniblement ouverte , avec serment de n'en pas parcourir d'autres ; nos contemporains, apparemment plus éclairés sur ce qu'ils valent, & doués, je le voudrois ! d'un génie plus vaste, portent l'amour désordonné, l'incontinence de la gloire jusqu'à....

Je parle de la manie nouvelle qui s'eſt emparée des têtes d'embraſſer tous les genres de talens. Il ſemble qu'on ſe diſe : ma réputation eſt faite dans ma partie : c'eſt ma célébrité de tous les jours. Il faut ſurprendre ; m'éloigner de la foule ; enlever des ſuffrages d'autant plus flatteurs, que je pourrois ſans honte n'y pas prétendre. Embraſſons les deux pôles de la ſphère des talens : cueillons des lauriers des deux mains à la fois.

Hé ! qu'a donc de répréhenſible une émulation ſi digne d'un être qui penſe, me dira-t-on ? Quoi ! dans un ſiècle qu'une Philoſophie univerſelle a conſacré par ſes découvertes & ſes lumières, où les hommes briſans les chaînes que leurs ſens abrutis leur impoſoient, viennent en faire hommage à la raiſon devenue reine du monde, vous oſez, prédicateur de l'ignorance, nous propoſer de nous replonger dans les ténèbres de la ſtupidité reprochée à nos pères ? Êtes-vous donc las de ne plus vivre avec des barbares, & faut-il vous répéter que les plus doux liens de la ſociété ſont tiſſus par les mains des Arts & du Savoir ?

Je le ſai : & ſans reprocher à ces lumières ſi vantées les effets preſque déplorables qu'ont produits nos ſoins à les répandre, à les communiquer, à en inveſtir, pour ainſi parler, l'eſpèce entière ; nos jeunes gens devenus raiſonneurs, ergoteurs, tranchans, conſommant pour l'éducation d'un ſeul ce qui eût ſuffi à élever pluſieurs frères, dédaignant, comme indigne d'eux, l'état de leurs ancêtres, abandonnant le foyer paternel pour venir augmenter à Paris la populace des Philoſophes : je dis ſeulement, rentrant dans mon ſujet, que comme dans une ſage ordonnance d'architecture, les ornemens les plus agréables décorent mal, s'ils ne ſont judicieuſement placés ; à cet amas de talens divers qu'étale orgueilleuſement un Artiſte, je préférerai toujours de voir dans nos Académies l'Aſtronome calculateur ſecouer la tête ou dormir aux applaudiſſemens donnés à un Poëte agréable ; le Médecin méditant profondément ſur le ſyſtême des nerfs, tandis que l'Orateur ſon voiſin les remue, les affecte par les mouvemens hardis de ſon éloquence véhémente : J'aime ce Géomètre tendrement épris, qui, pour toute Elégie amoureuſe, & pour le don le plus exquis qu'il connoiſſe, préſente à ſa bien-aimée des élémens d'algèbre, qu'il vient de faire tout exprès pour la toucher. Je me dis : ces hommes ſont à coup-ſûr poſſédés du démon de leur Art. Ils ne voient qu'un but, ils ne courent qu'une carrière, mais quels pas ils y font !

Voyez à préfent votre Artifte Encyclopédi-
que : Aux différentes livrées des talens dont il
eft affublé, quel eft-il ? Je courois à fon attelier
pour retenir ma place parmi le petit nombre
d'élus appelés à l'honneur d'admirer les fruits de
fes infpirations divines ; j'apprends qu'il eft à
un Comité avec deux Dramaturges auxquels il
doit lire une Comédie qu'il croit bonne, puif-
qu'il l'a faite. J'y cours ; il n'y eft plus : il eft
allé chez Mauduit dégager une inconnue dans
une équation du troifième degré. Il n'y eft plus
encore : il eft à concerter avec des Muficiens,
ou à difféquer avec des Anatomiftes.

Cependant, prenons-y garde, le Génie eft
dans l'empire des Arts, comme un Monarque
tout-puiffant qui n'admet pas de réfiftances à fes
ordres. Il n'eft jamais plus magnifique, plus pro-
digue que quand il commande en defpote : mais
gardons-nous de lui laiffer le tems de détourner
l'aîle. Les avenues du temple de la gloire font
couvertes d'Auteurs gémiffans, demeurés en-
deçà du portique pour avoir remis au lendemain
la partie avec l'enthoufiafme.

Comment diftinguerez-vous donc la voix de
l'infpiration qui vous eft particulière, au milieu
des fons tumultueux que font retentir aux oreilles

de l'amour-propre toutes les trompettes des divers talens que vous croyez les vôtres ? Nomme-t-on bien des hommes qui aient occupé le premier rang sur les trônes élevés à différens genres de mérite ? Quelle longue lifte , au contraire , d'Artiftes reftés dans la maffe pour avoir voulu pofer le pied fur les dégrés de l'un & de l'autre fanctuaire ? Celui-là jouiffoit d'une réputation méritée , comme Profeffeur de perfpective linéaire : mais fe perfuadant que les principes d'un art en font l'efprit , il s'avife d'entreprendre un vafte tableau de payfage : qu'arrive-t-il ? C'eft que faute de *ce je ne fai quoi* qui donne la vie à une compofition , & qui eft l'ame des règles , la froide exécution de fon tableau décrie jufqu'à fes principes , & fait abandonner fes leçons.

Celui-ci étoit devenu célèbre dans les deffins de la plus magnifique orfévrerie. Il rêve une belle nuit qu'il peut être Architecte , & dès fon réveil il obtient d'élever un portail d'Eglife. De quels attributs le décore-t-il ? D'un affortiffement des plus nouvelles formes de vaiffelle plate. Or , marquez à préfent la place de cet homme. Eft-il encore Orfèvre ? il y a renoncé. Eft-il Architecte ? Il y auroit confcience qu'on le crut tel.

Ce Littérateur eft fage , méthodique , profond ,

pur, élégant : voilà ses traits de caractère : qu'il s'en tienne-là , il sera lu : il est placé. Mais insatiable de gloire, il veut que sa Poésie sans verve, que ses Odes sans élans, sans enthousiasme, nous le présentent comme recommandable dans plus d'un genre. Moi, je crains que le Public, redoutant, en parcourant ses ouvrages, de tomber sur quelques pages de son assoupissante Poésie, ne lise pas même son excellente Prose. Pourquoi se déplace-t-il ?

C'est une vérité vingt fois redite, que l'homme né avec un génie vigoureux & caractérisé, se prête bien rarement au commerce des Muses décorées d'autres attributs que la sienne.

Ici, me pardonnera-t-on d'oser m'expliquer sur les motifs de l'acquisition de tant de talens, souvent étonnés de se trouver ensemble dans un même sujet ? On croit que présenté par eux tous à la Fortune, elle n'aura point de faveurs à refuser...La fortune ! sur-tout la fortune !...Hé, ce sont des Artistes qui parlent !

Hé bien ! je vais parler comme eux :... Public éclairé, Public amateur ? Veuillez toujours récompenser largement, magnifiquement le talent qui se signale en votre faveur: Pourquoi ? Parce que la perfection de l'art est au-dessus de tous les tarifs des honoraires de l'art ordinaire ;

parce que l'Artiste fera peut-être trois mois fans être faifi du même enthoufiafme , auquel vous devez le morceau qui vous enchante ; parce que le moment viendra où fon imagination glacée fous l'hiver de l'âge, ne fournira plus à fa main tremblante que des avortons d'être à exprimer, & qu'il feroit criant que l'homme qui a donné une vie immortelle à fon art , dût terminer fa fienne dans les alarmes du befoin , les cris de la douleur... Artiftes , êtes-vous contens de moi ?

Maintenant, voulez-vous que le Public le foit de vous-mêmes ? Avez-vous la noble ambition de reculer les limites de votre art ? Contentez-vous de l'aifance : elle vous eft due : mais défiez-vous de trop de fortune : on n'en a pas impunément : la molleffe l'accompagne : l'oifiveté lui fourit : la facilité de fe procurer des jouiffances en amène une habitude tyrannique : le travail ceffe de tenir en haleine : on fe cherche encore quelquefois, mais qu'il en coûte pour fe retrouver ! C'eft fous l'éteignoir de la diffipation, fille de la fortune, que meurt le flambeau de l'imagination.

Artiftes, dignes de votre nom , affiftez en efprit à l'entretien fublimement familier, dont le nouveau Titus qui nous gouverne honora fon Maître de Marine. « Etes-vous, dit le Monarque

» bienfaiteur , content de votre fort ? Je vous
» ai, ce femble, donné bien peu ! — Sire ! que
» Votre Majefté daigne m'honorer d'affez de
» bonté pour ne pas m'en donner davantage.
» J'aime le travail : plus d'aifance me nuiroit, en
» m'emportant au loin dans des fociétés oifi-
» ves, ou en m'attirant des importuns qui ne
» favent pas ce que pour l'homme laborieux
» vaut un moment bien employé ».

Et ne préfumez pas que dans le jugement porté
fur votre compte par le Public, la Fortune ait le
droit de mettre un grain de plus dans la balance.
J'entre dans ce Louvre fuperbe que nos Rois
femblent ne plus habiter que pour y laiffer les
Mufes plus à leur aife , & dans les tems confacrés au triomphe des Arts, je vois le Patriote &
l'Etranger s'y rendre en foule. On parcourt
avidement l'enfemble de cette impofante gal-
lerie du goût. On va, on revient, on s'arrête,
on examine, on admire. Demande-t-on fi ce
morceau plus parfait eft l'ouvrage d'un Artifte
plus opulent ? Le livre explicatif des fujets ex-
pofés eft-il un tableau de comparaifon des ri-
cheffes des Profeffeurs ? Non : mais comme fi à
l'afpect feul du lieu, la Gloire enflammoit tous les
Spectateurs pour fes intérêts, on ne voit plus
que par fes yeux, on ne parle que fon langage,

on ne diſtribue que ſes couronnes : Abſtraction
eſt faite du perſonnel de l'Artiſte. Ses productions
toutes ſeules le préſentent comme on veut le
voir : dans le cadre de ſes ouvrages ſont renfermés tous ſes droits aux ſuffrages publics,
tous ſes titres d'honneur ; & juſques ſous les en-
ſeignes de la Gloire ſon nom ne lui ſervira que
de mot d'appel.

Prenez courage, redoublez d'efforts : je vous
l'annonce : à des talens éminens ſeront accor-
dées , ſont réſervées des récompenſes diſtin-
guées. Mais ces récompenſes, fruit légitime de
vos travaux , n'en doivent jamais être que le
motif accidentel. Il en eſt du ſavoir & du goût
comme de la vertu : leur premier, leur plus précieux ſalaire , c'eſt l'honneur d'avoir bien fait.

Vous aurez de la peine, vous ! dont la fortune partage les vœux avec la gloire , de me
citer un chef-d'œuvre qui ſoit conçu par l'opu-
lence inſouciante ; ſon exiſtence toute phyſique
éprouveroit comme une douleur aiguë le raviſ-
ſement d'un génie qui crée. Mais. moi je vous
cite un enfant de l'enthouſiaſme né ſous la pla-
nète déſaſtreuſe de l'indigence :

Un de ces hommes qui reſteroient les bras

croifés devant leur chevalet trois mois entiers, fi pendant trois mois leur cerveau étoit comme frappé de ftérilité, fe trouvoit réduit aux plus preffantes follicitudes de la vie. Travaillez donc, lui répétoit-on. —— Je ne puis, mon génie ne me dit encore rien. —— Mais, mon ami, fais-tu que ta mère, qui n'a que toi de reffource, périt abfolument de befoin ?— « Ma mère eft malade,
» & eft fans fecours? Ma mère !... Tu es mon
» ami, je fuis fans argent : porte-lui ce que tu
» peux me prêter en l'embraffant pour moi...vas,
» cours.... Ma mère malade ! Attends : il fait
» froid : je fuis fans feu : aide-moi : coupons cette
» couverture de mon lit ... que je m'en enve-
» loppe... me voilà bien... Laiffe-moi feul : fais-
» moi fimplement apporter à vivre, & un peu de
» charbon pour chauffer mes doigts. Je ne forti-
» rai d'ici que mon tableau à la main : bon jour ».

Il dit : il travaille : fon cœur ému met fa tête en feu. Ce n'eft point le pinceau du talent crain-tif qui tâtonne, qui efface, c'eft celui du génie qui produit des traits tout corrigés. Bravo ! bravo ! s'écria-t-il, en recueillant tous les fuf-frages. A quelque chofe le malheur eft bon : opu-lent, j'aurois feulement fecouru ma mère : pau-vre, j'ai de plus fait un bon tableau.

Je reviens fur mes pas, & je demande comment il arrive que parmi tant d'Artistes si magnifiquement récompensés, il en soit si peu qui, dans un âge avancé, jouissent d'une certaine aisance ? C'est que leurs honoraires, quelque considérables qu'ils aient été, ont à peine suffi aux dépenses journalières. On a une maison montée, des domestiques, des enfans dans les pensions, double appartement, quelquefois voiture élégante, maisons à la campagne. Hé, Madame ! donc, Madame l'Artiste ? femme-de-chambre, gouvernantes d'enfans, coëffeur attaché avec appointemens à la toilette..... Que si vous voulez savoir comment elle s'y prend pour donner à son mari l'air d'un grand Seigneur, & à elle le train de la femme d'un pareil homme : je suis allée, dit-elle, dîner aujourd'hui chez votre confrère : savez-vous qu'on y est servi en vaisselle plate ? —Tant mieux pour lui. ——Sa femme fait très-bien les honneurs. —Elle en est capable plus que personne.——On les feroit aussi bien qu'elle, si l'on avoit les mêmes facilités.—Je ne puis vous en procurer davantage. ——Pourquoi donc cela ? Est-ce que vous ne valez pas votre cadet à l'Académie ? —Je ne puis qu'être louable de savoir me borner.——Vous croyez qu'on le prend ainsi ? On croit seulement que vous avez moins de talent que lui. — Moins de talent ! que le Public voie, & qu'il nous juge.—

Le Public a bien ce temps-là ! Il voit un Artiste tenir un grand état : c'est, dit-il, que cet homme fait de bonnes affaires : s'il les fait bonnes, c'est qu'il a du talent ; s'il les fait meilleures que tel & tel, c'est que les talens de tels & tels sont au - dessous des siens. Cela n'est - il pas conséquent ? —— Allons, Madame, qu'à cela ne tienne pour faire fortune : apparemment qu'on n'offre du travail qu'à ceux qui semblent n'avoir pas besoin de s'occuper pour vivre.

Je n'ai, dit Praxitelle, épousé qu'une demoiselle orpheline, & sans dot ? Qu'est-ce que cela me fait ? Je m'occuperai pour nous deux. Sans parens ? tant mieux : ce seront des fardeaux de moins. Sans nom ? Elle aura le mien, Madame de Praxitelle. Mon choix a cela d'avantageux, que me devant tout, elle aura une reconnoissance dont les motifs se renouvelleront sans cesse. Vingt fois elle m'a dit que disposée par goût à l'économie, elle s'y porteroit encore par raison : sachant très-bien que tout son sort étoit dans mes mains, & que la femme de l'Artiste le plus célèbre étoit, devenue veuve, une femme oubliée, & bientôt sans ressource. Elle vous a dit cela, M. de Praxitelle ? je vous en fais mon compliment : dans quelques années je viendrai savoir si elle vous tient parole.

Deux ans après je retrouve cet Artiste, & empreſſé que je devois être de lui faire mon compliment ſur un nouveau chef-d'œuvre qu'il venoit d'expoſer au Louvre, je l'aborde & l'embraſſe... Ah! mon ami, me dit-il, vous viendrez tout-à-l'heure dîner chez moi... Oui! je prends cela ſur mon compte, vous viendrez, je le veux : il me ſera peut être bien permis d'inviter une fois : vous viendrez. —Comment l'entendez-vous, lui dis-je ? Puis-je aller ſous de plus ſûrs auſpices ? —Oh ! je ne vous le cache pas, c'eſt que notre Dame eſt impérieuſe, eſt dominante : vous ſerez la première perſonne que j'aie invitée ſans la conſulter. Je mange tous les jours avec nombre de gens que je ne connois pas, & qu'elle connoît ſeule : cela ne me fait pas grand'choſe. J'arrive : je ſuis à table : je mange, & je m'en vais. Mais aujourd'hui ? à mon tour, à mon tour !

Nous allons : il frappe : il entre le premier pour me préſenter... Voilà, dit-il, un de mes anciens amis qui vient dîner avec nous. —Avec nous, dites-vous ? (ici, le ſourcil de la Dame ſe fronce), Monſieur vous fait bien de l'honneur : (là, le hauſſement d'épaule, en regardant ſon mari). Il fera un mauvais dîné, je vous en avertis...

avertis. —— Mais, dit l'époux contrarié, les vrais amis font ennemis des façons. —— Mais je vous répète que votre dîné fera détestable.——Mangeons-le toujours.——Mon Dieu ! comme tout cela fent l'attelier ! —J'ai appétit, & mon ami auffi, que l'on nous ferve. —— Attendez donc, attendez donc ! Eft-ce chez moi une auberge ? En vérité, il y a bien loin de l'Artifte à l'homme comme il faut.

A l'inftant arrivent d'autres conviés attendus par la Dame, & partant bien accueillis. Le dîner fe fert. Elle , de le trouver mauvais, ou peut-être de trouver mauvais que nous y fuffions. Monfieur, qui le trouve bon & moi auffi, prend en main la caufe de la cuifinière : foudain dialogue de controverfe vif & foutenu entre nos époux : dialogue non doux, non de compliment : les perfonnalités vont leur train : parce que je fuis là, le mari ofe tenir ferme.... Je ne vous ai jamais vu monté fur pareil ton, dit notre Dominante. Hola ? Monfieur, hola ? Allez-vous vous faire connoître ?... Vous avez dîné ? dis-je tout bas au maître de la maifon : aimez toujours bien Madame ; mais allons prendre le café chez moi.

Temps de nos pères qu'êtes-vous devenus !

Né d'un Artiste en réputation, avec quelques richesses, épargnes de ses longs travaux, j'ai vu dans mon enfance ses confrères mener le plus petit train avec les plus grands talens : la femme entourée de ses filles imitatrices, se mêlant de tous les soins domestiques ; le mari armant ses garçons des divers attributs des Arts, essayer leur goût, encourager leur aptitude : Qu'est-ce qu'une vie laborieuse eût pu avoir de repoussant, pour eux sous les yeux de parens qu'ils voyoient sans cesse occupés & toujours joyeux ? Hâtons-nous, disoit mon père, de faire à nos enfans un besoin du travail avant que les passions naissent. Tout est perdu si elles s'emparent d'un cœur vuide, d'un esprit désoccupé.

Alloit-on alors chercher l'oubli de ses affaires dans ces habitations rurales, témoin aujourd'hui de notre faste qui les achète, & demain de notre ruine qui les abandonne à vil prix ? Oui, on alloit à la campagne, & le crayon à la main, on y jouissoit de toute la nature.

Y avoit-il des jours où à la ville on tînt appartemens ? Nous étions plus magnifiques encore : nous les tenions à toute heure : tout étoit salon & galerie jusqu'à l'attelier : l'Artiste s'y offrant au milieu de ses productions, comme

Céfar environné de fes trophées!... Quoi? Point de tables de jeux?... Hé! le moyen, auroit-on dit, que nous reftions bons amis, quand nous aurons cherché à nous couper la bourfe.

Quelles étoient donc les jouiffances de ce temps-là? Celles des liaifons fûres, de la franchife dans les procédés, de la fimplicité dans les mœurs. Quelles jouiffances? Celle de la table dans les jours confacrés à la joie par l'ufage ou par un événement public heureux, la naiffance d'un Dauphin, la Paix.

Les amis raffemblés à cette occafion.... A table? à table? crioit l'hôte amphytrion du jour. Nous y voilà. Combien de fervices? Un. A combien de plats? Un. De fortes de vins? Une. La coupe remplie plus que de coutume montoit les têtes, rendoit gais les gens graves, & folle notre turbulante jeuneffe. Soudain, & comme par intermèdes, des ris & des fantés portées à la ronde, airs bachiques étoient entonnés par les pères, couplets galans étoient chantés fans malice par les mères devant une jeuneffe innocente. Suivoit une ronde générale où l'on voyoit les vieillards entrer en danfe avec leurs enfans; la joie rapprochoit tous les âges. Graces, légéreté, corrections d'attitudes, peut-être étiez-vous loin de nous ? Mais le plaifir en étoit toujours près.

A la vérité nos propos ne faifoient pas rire feulement l'efprit ; toute la machine étoit comme en convulfion. A la vérité nos plaifirs n'étoient pas philofophiques, mais comme ils étoient vrais ! C'étoit pour ainfi dire des plaifirs qu'on pouvoit empoigner. Enfin, las, enroué, bien fecoué & bien content : « A dieu, fe difoit-on, » minuit vient de fonner. Bon fommeil. Demain » à fix heures du matin j'ai à m'occuper. Mes » amis, ce n'eft point petite befogne que la ftatue » du grand Condé qu'attend de moi notre Aca- » démie pour le fallon prochain ».

Hé ! comment voudriez-vous que foumis aujourd'hui au defpotifme d'un luxe ruineux, l'Artifte pût, je ne dis pas fe ménager des reffources pécuniaires pour l'âge caduc, mais même attendre dans la force de l'âge les momens d'infpiration, & imprimer à loifir à fes ouvrages le cachet ineffaçable de la perfection ? Tiraillé à fon bureau ou devant fon chevalet par l'une ou par l'autre fuperfluités, plus tyranniques que les vrais befoins, il n'a le temps ni de remplir fon pinceau deffléché, ni de réchaufer fon burin par une nouvelle trempe.

Que vais-je encore exiger des Artiftes ? Un

choix févère , & étroitement circonfcrit dans
leurs fociétés.

Je ne dois les voir , ni avec le commerçant
pour qui les mots de Goût & de Célébrité font
prefque des mots barbares , ni avec l'homme de
loix dont le genre méthodique & confacré à la
vérité ne peut avoir de relation avec celui de
l'homme de l'imagination , ni avec le financier
qui toujours entouré de facs femble vous dire :
« Voilà avec quoi je fais des efclaves : vends moi
» l'ufage qu'il me plaira de faire de ton pinceau ».

Quelles fociétés nous conviennent donc , direz
vous ? Celles feules où annoncés par votre talent , Vous pouvez vous montrer ce que vous
êtes , où vous trouviez des ames qui entendent
la vôtre , un genre d'efprit qui vous convienne ;
(car vous en avez un à part ;) où l'égalité parfaite
n'amène point ces fervitudes , ces anéantiffe-
mens , enfans du refpect , qui pèfent toujours
fur la liberté de l'imagination.

Mais , va-t-on me dire , l'Artifte doit-il être
fi fort attaché à perfectionner l'outil qu'il né-
glige totalement de façonner l'ouvrier ? Il eft
devenu un homme public , que les agrémens de
l'efprit , le ton de la bonne compagnie doivent

introduire dans le grand monde. C'eſt même à ces qualités ſociales qu'eſt due la conſidération dont il jouit : conſidération ſi honorable à l'Art qu'il profeſſe.

Il n'y a , vous répondrai - je , de vraiment honorable pour l'Art que ſa plus grande perfection. Tout ce qui n'y tend pas le choque , le défigure , l'avilit.

Or, dites-moi , où va ce diſciple de Vitruve, né peut-être pour le diſputer aux Delamair, aux Perrault, aux Manſard ? Il va au rendez-vous dont l'a honoré une Dame de la première qualité. Il eſt introduit dans ſon boudoir devenu un bureau d'Architecture. Voilà notre Ducheſſe en peignoir, le porte - crayon d'or à la main. J'ai fait, dit - elle, des corrections eſſentielles dans vos plans de diſtribution : tenez, voyez ? —— Monſieur le Duc, dit l'Artiſte, avoit hier approuvé mes plans. —Eſt-ce qu'il s'entend en Architecture ? — Si Madame vouloit cependant que l'on dégauchît au moins ce guingois ? — Ne dégauchiſſez rien ? j'aimerois mieux ne point faire bâtir. J'y ai réfléchi, tout eſt vu : prêtez-vous ſeulement à ce que je veux. ——Madame ! ——Bien ! vous voilà comme il faut : charmant ! Vous réuſſirez n'en doutez pas : vous êtes un homme de toutes les circonſtances.

Oui, & par conséquent un homme dont le talent eſt ſans caractère. Comme on vous l'avoit prédit votre réputation s'accroît : tant pis ! Vous voilà accablé d'affaires ? L'Art doit en gémir : vos ſuccès ſont un fléau pour lui. Bientôt vos confrères, pour obtenir la même vogue, le même accueil, n'auront plus de genre décidé, plus de coups d'œil à eux, & ſe prêteront à toutes les opinions des brillantes ſociétés qui voudront bien les admettre, leſquelles ſeront d'autant plus impérieuſes qu'elles ſeront d'un ordre ſupérieur.

Non contentes de vous aſſervir au joug de tant de petits uſages gravement frivoles, introduits pour ſe décharger du fardeau du temps ; à des viſites rendues & reçues dans des momens deſtinés au ſérieux du cabinet ; elles exigeront de votre complaiſance la réduction humiliante de vos vues élevées à l'horiſon rampant de leurs foibles lumières. Bientôt on demandera que l'Architecte frappe d'anathème les règles de l'Art, les principes du Goût, comme des entraves gothiques, & donne orgueilleuſement pour élans du génie les écarts de l'imagination : bientôt le Peintre du grand Genre ſera prié de renfermer ſa célébrité dans le cadre d'un camaïeu : bientôt

le ſtatuaire appellé à l'honneur de mettre en
ſcène , dans un mauſolée , le Capitaine de ſon
ſiècle , uſera ſon ciſeau à tailler deux tourteraux
amoureux qu'une puiſſante protectrice veut placer au haut d'un colombier : bientôt on repro-
chera à une muſique forte & pénétrante, accent
énergique des paſſions exaltées miſes en action,
de ne point offrir une ariette à chanter aux petits ſoupés des Dames : bientôt tous les Arts ne
feront plus que des amuſemens de toilette . . .
Que ſai-je ?

Ce que je ſais, c'eſt que pour s'être trop com-
muniqués , être devenus trop populaires, ils ne
ſont plus vus avec l'eſpèce de vénération atta-
chée autrefois à leur célébrité ; que ceux qui
en bégaient à peine l'idiôme , & qu'on eût vu
s'honorer d'en être les humbles admirateurs,
s'érigent aujourd'hui , ou en profeſſeurs capa-
bles, ou en cenſeurs prétendus infaillibles.

Quel ſi grand invervalle croyez vous que la
jeune perſonne qui deſſine au couvent, & la
bourgeoiſe qui diſtribue trois chambres à la
campagne apperçoivent aujourd'hui entr'elles &
leurs maîtres ? Comme eux n'ont - elles pas le
crayon en main ? Comme eux l'une ne couvre-
t-elle pas ſon papier de traits, & l'autre n'a-

t-elle pas tendu le niveau ? Quel intervalle ap-
perçoivent-elles donc ? Celui que leur modeftie
feule veut bien y voir. Entendez ces Dames :
il ne leur manque que l'ufage ; car pour l'efprit
de la chofe, elles l'ont. C'eft qu'un talent dont
tout le monde fe mêle, ou plutôt que tout le
monde profane, aux yeux d'un certain Public,
juge fuperficiel, n'eft bientôt plus un talent.

Que ne nous as-tu, ô Chardin! tranfmis ta
fermeté franche, & la haute opinion que tu
avois de ton Art? ——Monfeux, Monfeux ? lui
crioit une Dame chez laquelle il peignoit, eft-ce
une chofe bien difficile que de faire ce que vous
faites-là ?—— Sifler & remuer les doigts : voilà,
Madame, tout le fecret, répond notre Artifte
fcandalifé. — C'eft que j'ai mon laquais qui manie
depuis huit jours le pinceau ; il en eft déjà à un
trois-quarts : encore quelques leçons, il pourra
faire un grand tableau, n'eft-ce pas ? —Ma foi,
Madame, tout à l'heure, s'il vous plaît, il ache-
vera celui-ci ; car je m'en vais.

Eft-ce en effet dans les fociétés du jour où
tous les objets fe rapétiffent, fe dénaturent, où
il faut facrifier au goût du moment, où le pi-
toyable talent de favoir faire fa cour eft le premier de tous les talens, où vingt degrés de

mérite ne remplacent pas la protection d'un fat important qui vous manque? Est-ce là, dis-je, que l'Artiste verra la nature dans le vrai, dans le grand? Est-ce là qu'il acquerra, qu'il conservera même cette hardiesse de composition, cette liberté de traits, cette force d'expression qui atteste la fierté d'ame, la vigueur de caractère du compositeur.

Je n'ai point oublié non plus, Monsieur, ce que vous disiez à quelques uns de vos élèves: » Vos vignettes sont estimées charmantes, votre » burin d'une grande propreté, votre faire élégant » & pur. Les Dames en font l'éloge, & vos ho- » noraires encore plus ; mais prenez y garde : ce » sont-là peut-être autant de pièges tendus par vos » rivaux : ils vous feront payer en gloire ce que » vous leur enlevez en argent. A force de ne vou- » loir être jugés que la loupe à la main pour vous » accomoder au goût du temps, je crains que vous » ne retrouviez plus ces tailles larges & moël- » leuses, ces contours hardis, ces touches pro- » fondes & graduées, d'où résultent les grands » effets dans une estampe de caractère ». Ainsi, l'Artiste écrivain qui s'est réduit long-temps à la minuscule, veut inutilement ensuite faire parcourir d'un seul trait à sa plume tout le champ du papier d'une manière libre & prononcée.

Je me suis trouvé quelquefois avec vous dans la compagnie de différens Artistes vos confrères. Ils étoient seuls, & parloient uniquement de leur Art. Il s'en falloit bien que j'y fusse éclairé comme eux : mais par un privilège qu'a le Génie de parler toutes les Langues, ou du moins de se faire entendre à toutes les oreilles, rien ne m'échappoit de l'énergie de leurs expressions, de la vérité de leurs tableaux. Ils ne parloient que pour peindre : où le Philosophe eût disserté, ils éprouvoient un sentiment. Je les voyois rassemblant, pour ainsi dire, les parcelles de feu dont chacun d'eux étoit animé, en composer un foyer total, une masse de lumière où l'un & l'autre prenoient bien plus encore qu'il n'avoit mis. Je jugeois, à leurs regards enflammés, à je ne sai quel frémissement, avant-coureur d'un heureux délire, que le Peintre regrettoit de n'avoir pas là sa palette pour donner le dernier trait de caractère à un Alexandre ; que le Sculpteur qui venoit d'électriser son ciseau alloit, nouveau Pygmalion, donner la vie à un bloc de marbre insensible ; que l'Architecte supprimoit déjà en idées ces ornemens trop fastueux qui troubloient la sage magnificence de son édifice. Mes amis, dit le Musicien, vous m'avez communiqué votre ame : l'ame est toute har-

monie. .... Je conçois des accords ! ma tête est
en feu. ... Saisissons l'instant. Adieu.

J'ai retrouvé séparément ces hommes dans les
sociétés du grand monde. Quelle différence !
Comme ils sont aujourd'hui, disois-je, au-dessous de ce que je les vis hier ! Ils avoient dis-
paru sous je ne sai quels petits dehors agréables,
quelles futiles gentillesses à la mode.

Où croyez-vous que l'Auteur de Vinceslas fut
trouvé quand son Souverain commanda qu'on
le lui présentât ? Dans un réduit obscur, à une
chétive table, mangeant, pour toute nourriture,
du lait avec ses enfans.

Qu'est-ce qui n'est pas délicieusement ému du
motif paternel qu'employa l'immortel Racine,
pour éluder l'honorable invitation du Prince de
Conti qui l'attendoit à sa table ? « Dites au Prince
» que j'ai promis à ma famille de dîner aujour-
» d'hui avec elle ».

C'est que la retraite & la méditation permet-
toient à Rotrou ces coups-d'œil reposés & sou-
tenus, qui embrassent tout-à-la-fois l'ensemble
& les détails d'une composition théatrale, vaste
& compliquée.

C'eſt que Racine , qui étoit toute ame, toute ſenſibilité, bien mieux qu'à la Cour , trouvoit dans ſa famille , peut-être ſans qu'elle s'en doutât, cette vérité de nature , ces ſituations d'une ame pure & fraîche qu'il a ſi heureuſement miſes en action ſur la ſcène.

Seroit-ce donc que je demande que l'Artiſte s'iſole dans une ſolitude aride où ſon imagination, faute d'objets qui l'exercent, qui la ſimulent , devienne pareſſeuſe , s'engourdiſſe , & meure enfin d'inanition ? Non ſans doute. L'Art imitateur de la Nature, doit être au milieu d'elle pour la bien peindre.

Ce que je demande , c'eſt qu'il ne ſe faſſe pas de ſon ſpectacle de ſimples ſujets de diſtraction, mais des ſujets d'étude ; qu'il la cherche pour ſe remplir des grandes idées qu'elle préſente, pour ſe pénétrer du feu dont elle anime tous ſes ouvrages ; & faiſant dans cet amas de tableaux variés un choix favorable au coup-d'œil ſous lequel il la ſent plus vivement , l'interroger, la ſurprendre , la ſaiſir , la rendre en la copiant ſi ſemblable à elle-même , que l'Art auprès d'elle ait beſoin de ſe nommer pour être reconnu.

Mais , je vous le répète , à vous Artiſtes qui

defirez vous faire infcrire au tableau de la Célébrité : pour paroître tout ce que vous valez, il
faut vous renfermer dans le cercle du talent
dont la nature vous a favorifés. Toute autre
gloire vous eft interdite. Autour du champ où
vous devez moiffonner, eft un ravin profond
que vous ne pouvez franchir fans péril. Il croî-
troit au-delà des lauriers pour tout autre, que
pour vous ce feroit un terrein hériffé de ron-
ces infructueufes.

Je me réfume. Deux moyens, pourvu qu'ils
concourent enfemble, pourroient rappeler les
beaux jours des Arts, & en fixer la gloire. Le
premier feroit que les Inftituteurs & les parens
regardaffent la vocation marquée d'un enfant
pour un talent ou pour un autre, comme un
ordre facré de la Nature auquel ils devroient
fcrupuleufement fe foumettre, & rapporter
toute fon éducation.

Le fecond moyen feroit que les Artiftes célèbres entièrement livrés à leur genre, s'élevant
au-deffus de ces goûts momentanés d'une mode
capricieufe, fallût-il lui faire quelque facrifice
de fortune, donnaffent le ton à leur fiècle, &
devinffent pour la défenfe du domaine des Arts
autant de vieux Capitaines contre les incurfions

des nouveautés vicieufes, fous l'étendard defquels les jeunes athlètes feroient ferment de fervice.& de fidélité au bon Goût.

Sous Louis le Grand, ce fut fans doute l'a-
mour de ce Prince pour les arts , l'accueil qu'il
faifoit au mérite, les bienfaits dont il les combla,
qui appelèrent les uns & les autres autour de fon
Trône : mais ce qui les fixa au point d'élévation
qui caractérife fon règne immortel , ce fut que
les Génies d'un ordre fupérieur , auffi pleins d'é-
nergie dans leur conduite que dans leurs compo-
fitions , prenant en main le fceptre des Arts &
des Lettres, en brifèrent les vains autels que de
pitoyables Auteurs effayoient quelquefois d'é-
lever au mauvais goût, au faux bel-efprit.

Ranimez-vous ! Talens utiles, Talens enchanteurs, & reparoiffez tels que vous ont vus nos
pères. Le moment eft favorable : la Poéfie & fes
fictions, l'Eloquence & fes tropes, l'Architecture & fes monumens, la Peinture & fes prefti-
ges, la Sculpture & fes trophées, la Gravure &
fes empreintes, Tous font arrivés au temps des
plus heureufes influences, au jour des encouragemens : LOUIS règne, LOUIS nous a donné la Paix.
Les lauriers que vous vous efforcerez de cueillir
pour couronner votre Roi fuffiront à la gloire

perfonnelle de chacun de Vous ; parce qu'il n'y
aura pas de Monument digne du PRINCE, qui
ne foit un Monument de la perfection de l'Art.

J'ai l'honneur d'être, &c.

*Le Privilège fe trouvera à la fin des Œuvres de
l'Auteur.*